Impressum
Verlag: BABADADA GmbH, Nedderfeld 112 , 22529 Hamburg
Geschäftsführer / Verlagsleitung: Harald Hof
Druck: Books on Demand GmbH, In de Tarpen 42, 22848 Norderstedt

Imprint
Publisher: BABADADA GmbH, Nedderfeld 112 , 22529 Hamburg, Germany
Managing Director / Publishing direction: Harald Hof
Print: Books on Demand GmbH, In de Tarpen 42, 22848 Norderstedt

ليكول
école

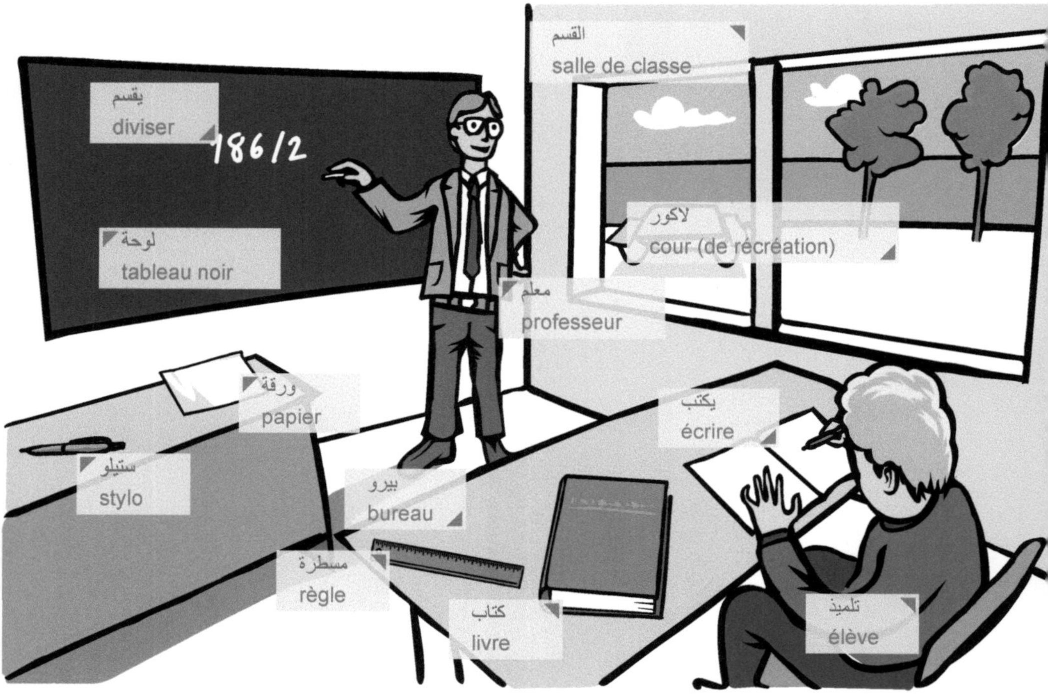

القسم
salle de classe
يقسم
diviser
186/2
لوحة
tableau noir
لاكور
cour (de récréation)
معلم
professeur
ورقة
papier
يكتب
écrire
ستيلو
stylo
بيرو
bureau
مسطرة
règle
كتاب
livre
تلميذ
élève

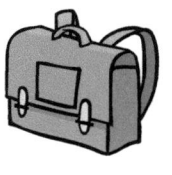

كرطاب
cartable

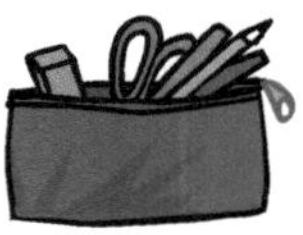

المقلمة
trousse

قلم الرصاص
crayon

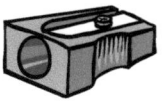

منجارة
taille-crayon

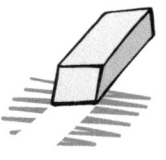

ممحا
gomme

الكايي تاع الرسم
carnet à dessin

الرسم

dessin

البانسو

pinceau

باتير

boîte de peinture

مقص

ciseaux

كولا

colle

كايي تاع التمارين

cahier d'exercices

الواجبات

devoirs

12

النيميرو

chiffre

2+2

يجمع

additionner

5-2

يطرح

soustraire

2×2

يضرب

multiplier

يحسب

calculer

A

الحرف

lettre

**ABCDEFG
HIJKLMN
OPQRSTU
VWXYZ**

الحروف

alphabet

hello

كلمة

mot

النص

texte

يقرا

lire

طباشير

craie

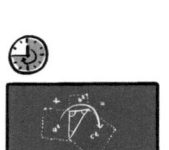

الدرس

leçon

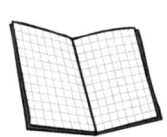

دفتر المدرسي

livre de classe

ليقزاما

examen

سرتفيكا

certificat

اللبة تاع ليكول

uniforme scolaire

التعليم

formation

ليكسيك

lexique

الجامعة

université

المجهر

microscope

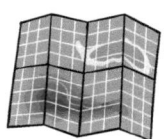

الخريطة

carte

بوبال

corbeille à papier

فواياج
voyage

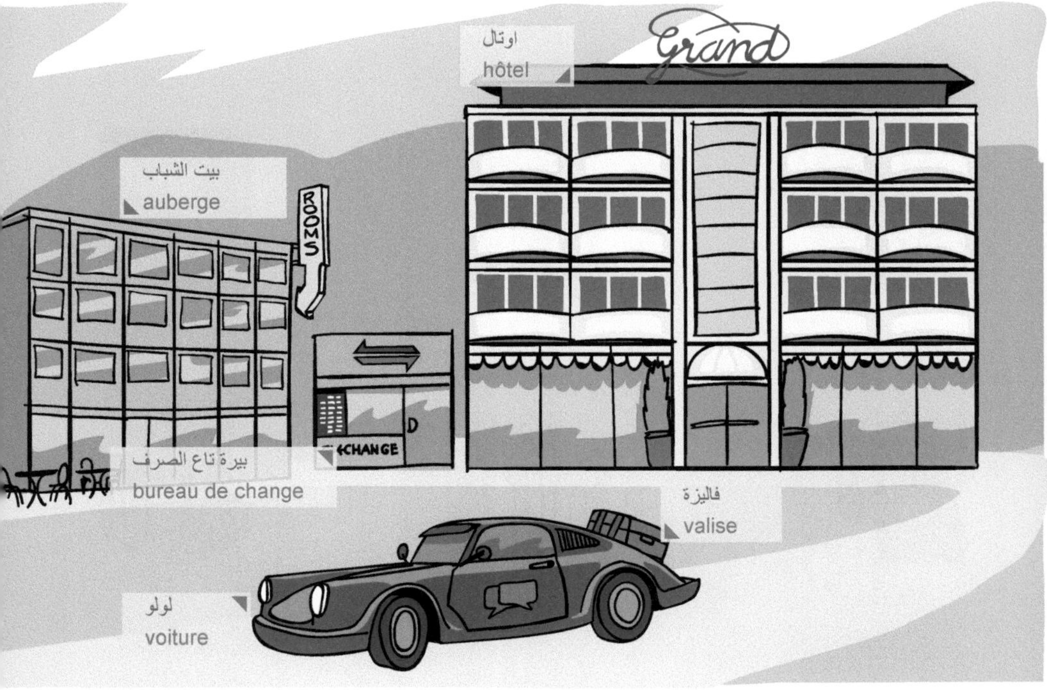

Grand
اوتال
hôtel
بيت الشباب
auberge
ROOMS
EXCHANGE
بيرة تاع الصرف
bureau de change
فاليزة
valise
لولو
voiture

اللغة ليقصدها

langue

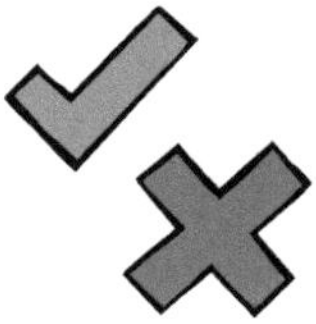

واه / لا

oui / non

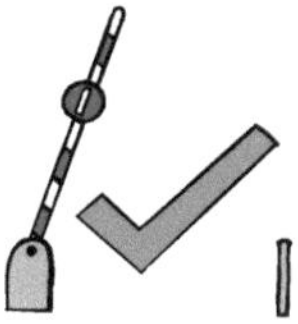

صحا

d'accord

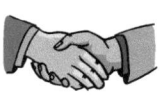

مرحبا

Salut

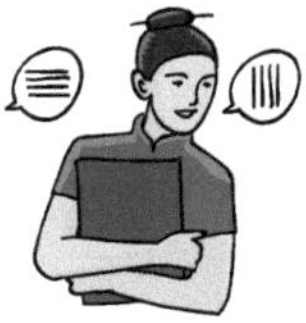

طرجمان

interprète

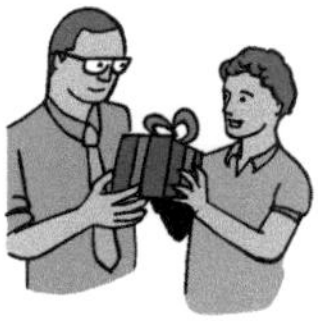

صحيت

merci

شعال السومة؟

Combien coûte...?

مفهمتش

Je ne comprends pas

مشكيلة

problème

مسلخير

Bonsoir !

صباح لخير

Bonjour !

تصبح بخير

Bonne nuit !

بسلامة

Au revoir

ديركسيو

direction

الباقاج

bagages

ساك

sac

ساكادو

sac-à-dos

ضيف

hôte

شمبرا

pièce

ساك تاع رقاد

sac de couchage

خيمة

tente

استعلامات سياحية

office de tourisme

بحر

plage

كارطة ناع الكريدي

carte de crédit

فطور الصباح

petit-déjeuner

الفطور

déjeuner

العشا

dîner

البيي

billet

اسونسير

ascenseur

تامبر

timbre

الحدود

frontière

الديوانة

douane

سقارة

ambassade

فيزا

visa

باسبور

passeport

نقل

transport

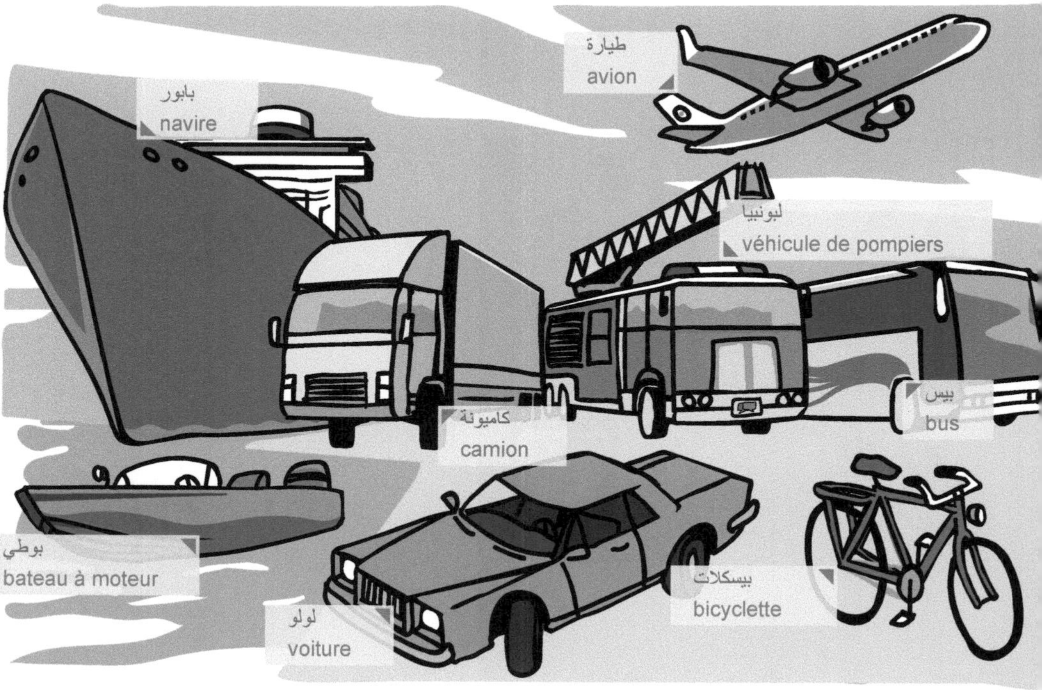

طيارة
avion
بابور
navire
لبونبيا
véhicule de pompiers
بيس
bus
كاميونة
camion
بوطي
bateau à moteur
بيسكلات
bicyclette
لولو
voiture

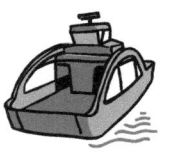

بابو

....

ferry

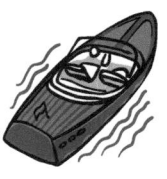

بوطي

....

barque

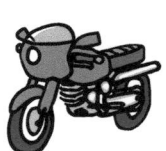

موطو

....

moto

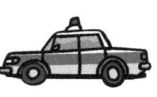

لوطو تاع لابوليس

....

voiture de police

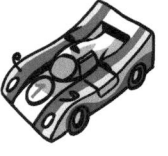

لوطو تاع السيباق

....

voiture de course

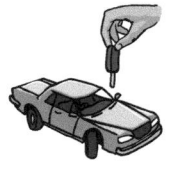

لوطو تاع كرية

....

voiture de location

لواطا تاع كرية

auto-partage

رومورك

voiture de remorquage

كاميو تاع الزبل

benne à ordures

موتور

moteur

ليسونس

essence

ستاسيون

station d'essence

بانو

panneau indicateur

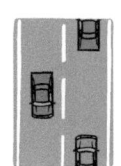

ترافيك

trafic

سركالة

embouteillage

باركينغ

parking

لاقار

gare

السبيكة

rails

قطار

train

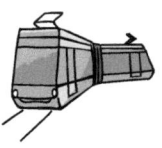

ترام

tramway

فاغون

wagon

البيكبتار

hélicoptère

مطار

aéroport

تور

tour

مسافر

passager

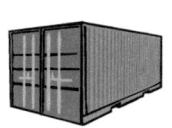

كونتنار

conteneur

كرطونة

carton

شاريو

chariot

سلة

corbeille

يقلع / يهود

décoller / atterrir

مان

ville

قرية

village

البلاد

centre-ville

دار

maison

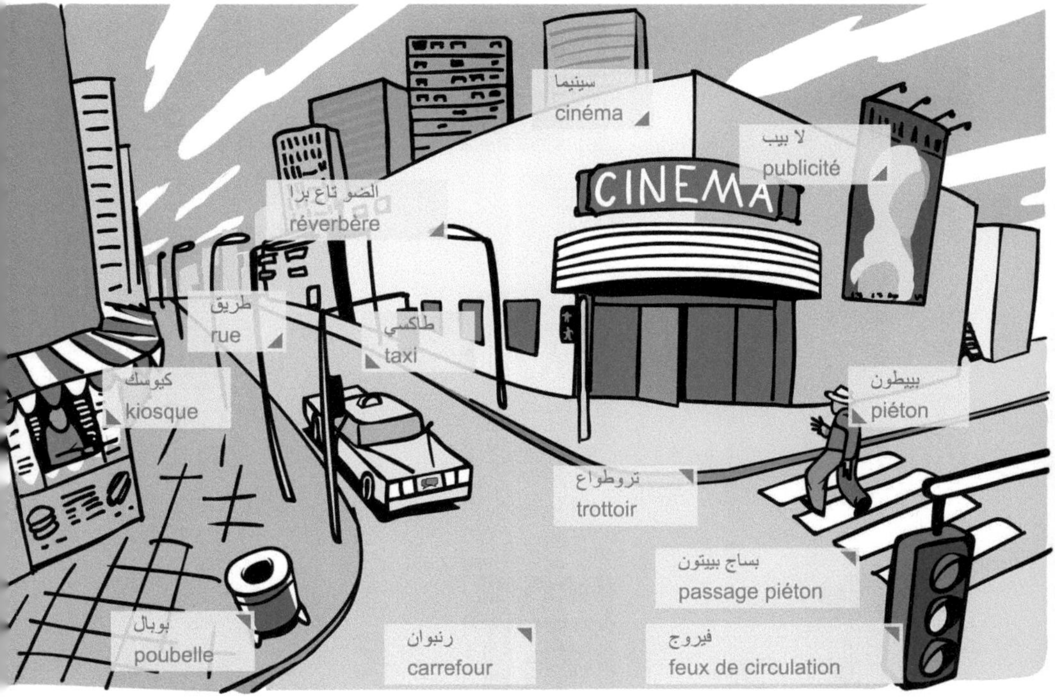

سينيما
cinéma

لا ييب
publicité

الضو تاع برا
réverbère

CINEMA

طريق
rue

طاكسي
taxi

كيوسك
kiosque

بييطون
piéton

تروطوأع
trottoir

بوبال
poubelle

رنبوان
carrefour

بساج بييتون
passage piéton

فيروج
feux de circulation

كوخ
cabane

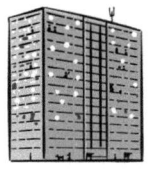

برطمان
appartement

لاقار
gare

لاميري
mairie

متحف
musée

ليكول
école

الجامعة

université

بانكة

banque

سبيطار

hôpital

اوتال

hôtel

فارماسي

pharmacie

بيرو

bureau

مكتبة

librairie

حانوت

magasin

فلوريست

fleuriste

سوبرات

supermarché

مرشي

marché

حانوت كبير

grand magasin

مسمكة

poissonnerie

سونتر كومرسيال

centre commercial

المينا

port

بارك

parc

بنك

banque

جسر

pont

درج

escaliers

ميترو

métro

تونال

tunnel

لاري تاع البيس

arrêt de bus

بار

bar

مطعم

restaurant

صندوق البريد

boîte à lettres

البانوات

panneau indicateur

مقياس زمن الوقوف

parcmètre

حديقة حيوانات

zoo

بيسين

piscine

جامع

mosquée

فيرما

ferme

التلوث

pollution

مقبرة

cimetière

قليزية

église

بارك

aire de jeux

معبد

temple

الريف

paysage

ورقة
feuille

بانو
panneau indicateur

طريق
chemin

مرج
pré

حجرة
pierre

شجرة
arbre

رحالة
randonneur

نهر
rivière

حشيش
herbe

زهرة
fleur

واد
....
vallée

جبل
....
montagne

بحيرة
....
lac

غابة
....
forêt

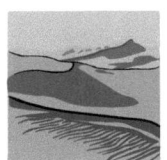

صحرا
....
désert

بركان
....
volcan

شاطو
....
château

قوس قزح
....
arc-en-ciel

فطر
....
champignon

نخلة
....
palmier

ناموسة
....
moustique

ذبانة
....
mouche

نملة
....
fourmis

نحلة
....
abeille

رتيلة
....
araignée

خنفوس

coléoptère

جرانة

grenouille

سنجاب

écureuil

قنفود

hérisson

قنينة

lièvre

بومة

chouette

زاوش

oiseau

بجعة

cygne

حلوف

sanglier

عزالة

cerf

إلكة

élan

سد

barrage

الطاحونة

éolienne

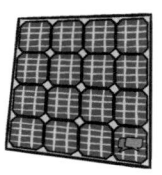

خلية شمسية

panneau solaire

كليما

climat

مطعم
restaurant

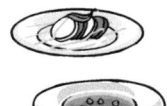

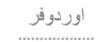

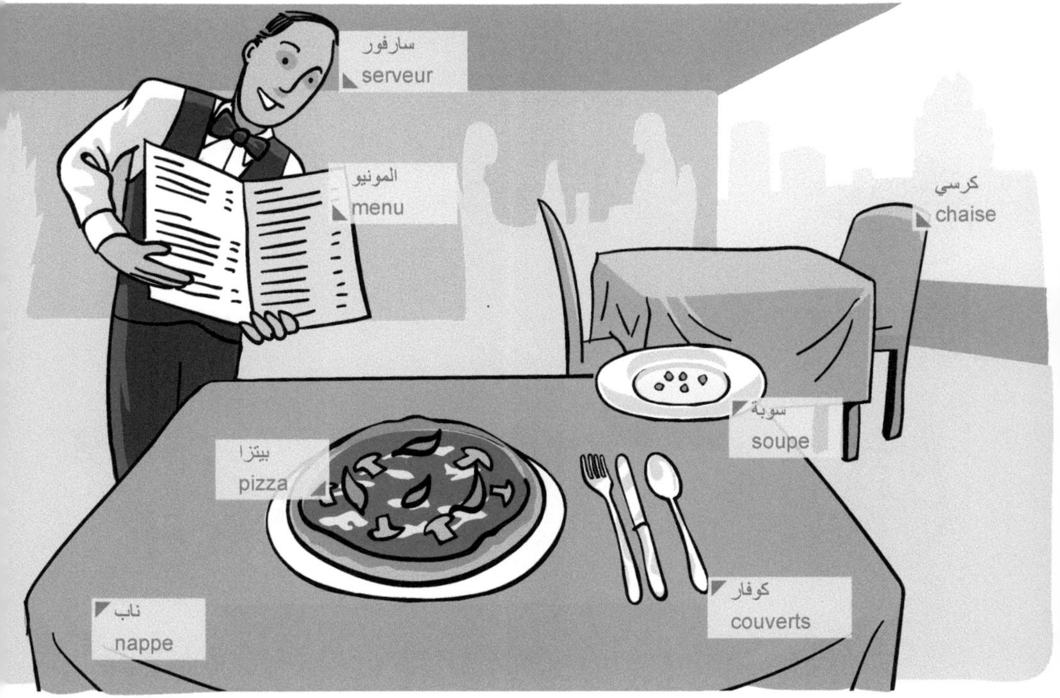

سارفور
serveur
المونيو
menu
كرسي
chaise
سوبة
soupe
بيتزا
pizza
كوفار
couverts
ناب
nappe

اوردوفر
hors d'œuvre

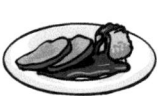

الطبق الرئيسي
plat principal

ديسار
dessert

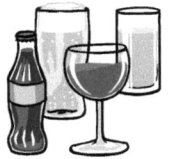

مشروبات
boissons

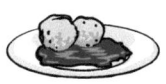

ماكلة
alimentation

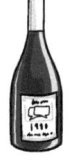

القرعة
bouteille

فاست فود

fast-food

ماكلة نديه معايا

plats à emporter

براد اتاي

théière

سكرية

sucrier

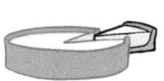

طرف

portion

ماشينة تاع اكسبريسو

machine à expresso

كرسي عالي

chaise haute

فاتورة

facture

سني

plateau

خدمي

couteau

فرشيطة

fourchette

مغيرفة

cuillère

مغيرفة تاع لاتاي

cuillère à thé

سربيتة تاع الطابلة

serviette

كاس

verre

طبسي
....
assiette

بول
....
assiette à soupe

طبسي تاع الفنجال
....
soucoupe

لاصوص
....
sauce

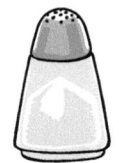

القوطي تاع الملح
....
salière

طحان تاع الحرور
....
moulin à poivre

خل
....
vinaigre

زيت
....
huile

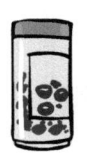

ليزيبيس
....
épices

كتشوب
....
ketchup

موطارد
....
moutarde

مايونيز
....
mayonnaise

سوبرات

supermarché

بروموسيو
offre promotionnelle
FOR
كلويون
client
مشتقات الحليب
produits laitiers
فاكية
fruits
شاريو
chariot

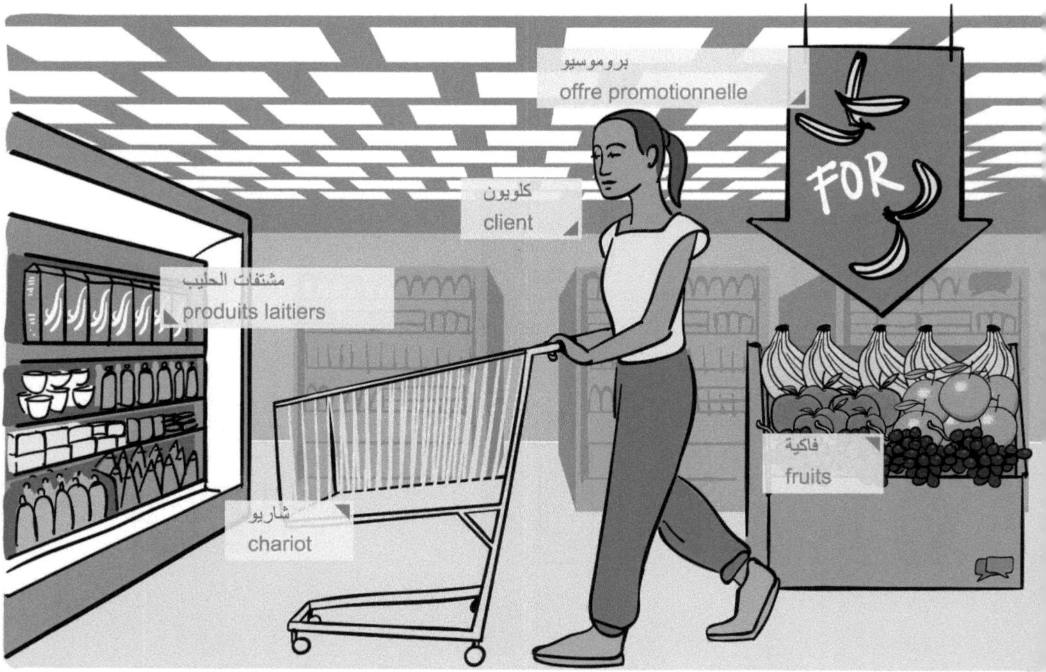

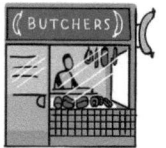

BUTCHERS

بوشي

boucherie

BAKERY

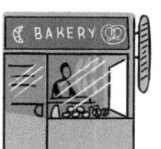

بولونجي

boulangerie

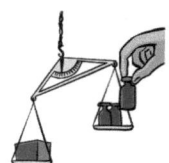

يوزن

peser

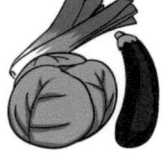

خضار

légumes

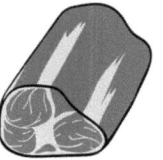

لحم

viande

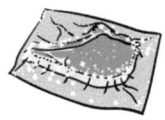

سيرجولي

aliments surgelés

كاشير

charcuterie

كونسارف

conserves

الاومو تاع لغسيل

poudre à lessive

الحلويات

bonbons

صوالح الدار

articles ménagers

ديتارجو

détergents

فوندوز / خدامة فالحانوت

vendeuse

لاكاس

caisse

كاسسي

caissier

ليستا تاع الشري

liste d'achats

سوايع الخدمة

heures d'ouverture

تزرداتم

portefeuille

كارطة ناع الكريدي

carte de crédit

ساك

sac

بورسة

sac en plastique

الماء

eau

جو

jus de fruit

حليب

lait

كوكا

coca

الشراب

vin

البيرة

bière

شراب

alcool

كاكاو

chocolat chaud

لاتاي

thé

قهوة

café

اكسبريسو

expresso

كابوتشينو

cappuccino

بانانة

banane

تفاح

pomme

تشينا

orange

بطيخ

melon

ليم

citron

كروطة / زرودية

carotte

ثوم

ail

بانبو

bambou

بصل

oignon

شأنبينيو

champignon

بندق

noisettes

ليبات

pâtes

سباقيتي

spaghetti

روز

riz

سلاطة

salade

ليفريت

pommes frites

ليفريت

pommes de terre rôties

بيتزا

pizza

هانبورڤر

hamburger

سندويش

sandwich

اسكالوب

escalope

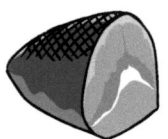

لحم الحلوف

jambon

سامي

salami

مرڤاز

saucisse

جاجة

poulet

لحم مشوي

rôti

حوت

poisson

شوفان

flocons d'avoine

موسلي

muesli

كورن فلكس

cornflakes

فرينة

farine

كرواسون

croissant

خبيزة

petits-pains

الخبز / كسرة

pain

خبز محمر

pain grillé

بيسكوي

biscuits

زبدة

beurre

لبن

le fromage blanc

قاطو

gâteau

بيض

œuf

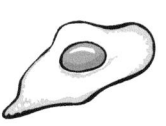

بيض مقلّي

œuf au plat

فرماج

fromage

لاكرام

glace

سكر

sucre

عسل

miel

كونفتير

confiture

نوقا

crème nougat

الكاري

curry

فيرما
ferme

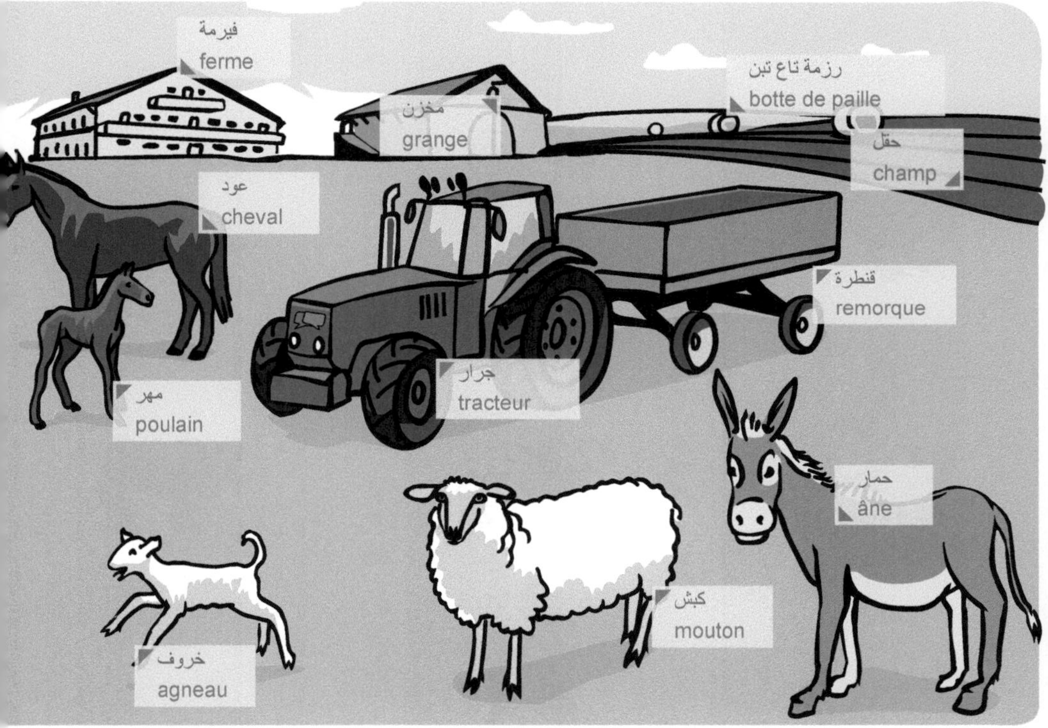
فيرمة
ferme
مخزن
grange
رزمة تاع تبن
botte de paille
حقل
champ
عود
cheval
قنطرة
remorque
جرار
tracteur
مهر
poulain
حمار
âne
كبش
mouton
خروف
agneau

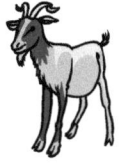

معزة
chèvre

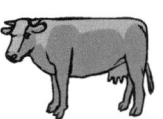

بقرة
vache

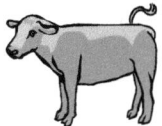

عجل
veau

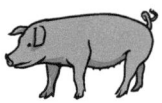

حلوف
porc

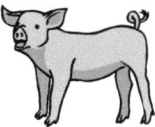

حلوف صغير
porcelet

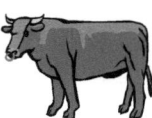

طورو
taureau

وزة

oie

بطة

canard

فلوس

poussin

جاجة

poule

سردوك

coq

طوبا

rat

قطة

chat

فأر

souris

ثور

bœuf

كلب

chien

دار الكلب

chenil

تيبو

tuyau de jardin

إبريق

arrosoir

منجل

faucheuse

محراث

charrue

منجل

faucille

الفاس

pioche

مذراة الزبل

fourche

شاقور

hache

برويطة

brouette

معلف

cuve

قابة تاع حليب

pot à lait

ساشيا

sac

سياج

clôture

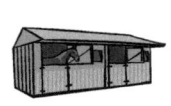

صطبل

étable

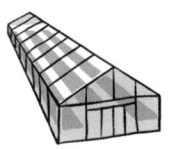

بوطاجي

serre

تراب

sol

بذور

semences

سماد

engrais

حصادة

moissonneuse-batteuse

يحصد

récolter

الغلة

récolte

بطاط

igname

قمح

blé

صويا

soja

بطاطا

pomme de terre

ماييس

maïs

سلجم

colza

شجرة تاع فاكية

arbre fruitier

منيهوت

manioc

الخبوب

céréales

دار
maison

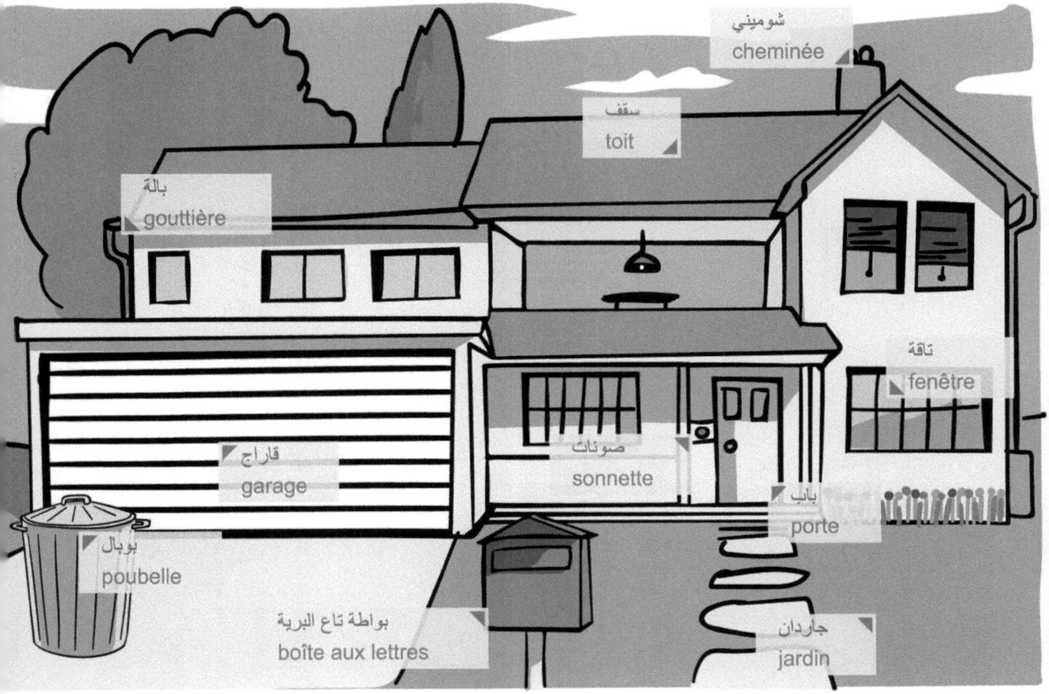

شوميني
cheminée
سڤف
toit
بالة
gouttière
تاقة
fenêtre
قاراج
garage
صونات
sonnette
باب
porte
بوبال
poubelle
بواطة تاع البرية
boîte aux lettres
جاردان
jardin

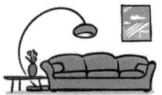

صالون

salon

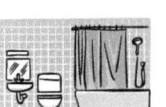

الحمام

salle de bain

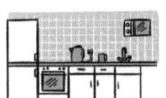

كوزينا

cuisine

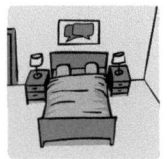

شامبرا تاع رقاد

chambre à coucher

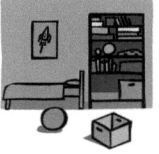

شمبرا تاع ذراري

chambre d'enfant

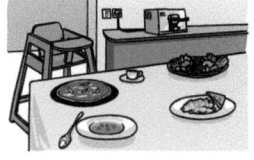

صالة مونجي

salle à manger

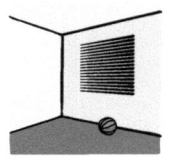

لرض
sol

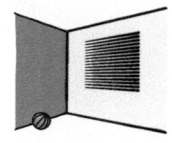

حيط
mur

بلافو
plafond

كافا
cave

سونا
sauna

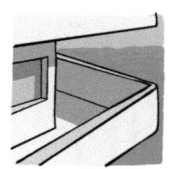

بالكون
balcon

تيراسة
terrasse

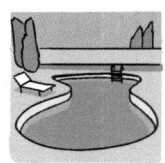

بيسين
piscine

جزارة تاع حشيش
tondeuse à gazon

ااووس
housse

كووات
couette

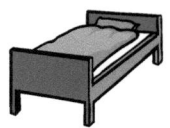

ناموسية
lit

مصلحة
balai

بيدو تاع صليح
sceau

انتغبتور
interrupteur

صالون
salon

ورق تاع حيطان
papier peint
تصويرة
image
لامبا
lampe
ايتجار
étagère
بلاكار
armoire
تيليفزيون
télé
شوميني
cheminée
زهرة
fleur
مخدة
coussin
صافا
sofa
فاز
vase
تيليكومند
télécommande

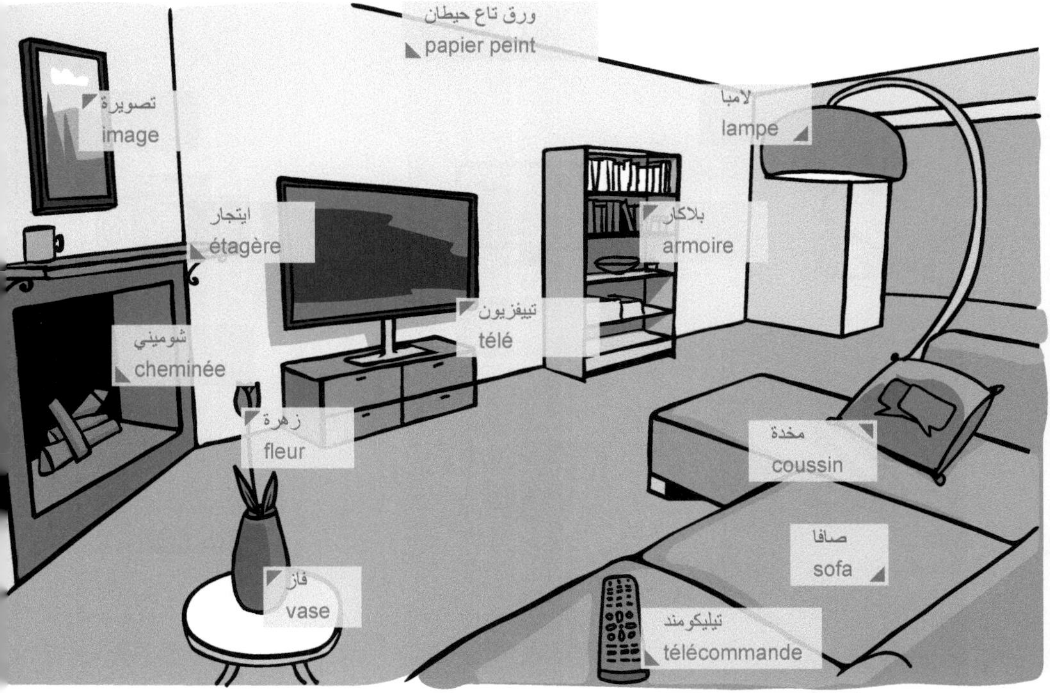

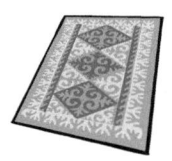

طابي

tapis

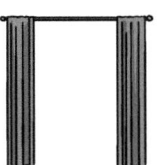

ريدو

rideau

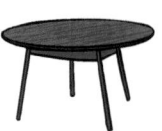

طابلة

table

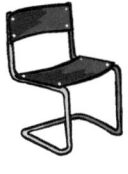

كرسي

chaise

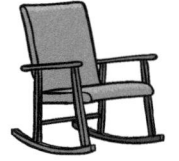

كرسي يبوجي

chaise à bascule

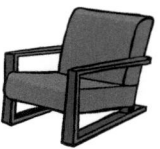

فوتاي

fauteuil

كتاب

livre

طوفيرطة

couverture

زواق

décoration

الحطب

bois de chauffage

فيلم

film

الستيريو

chaîne hi-fi

مفتاح

clé

جرنان

journal

كادر

peinture

بوستار

poster

راديو

radio

كناش

bloc-notes

اسبيراتور

aspirateur

صبار

cactus

شمعة

bougie

كوزينا
cuisine

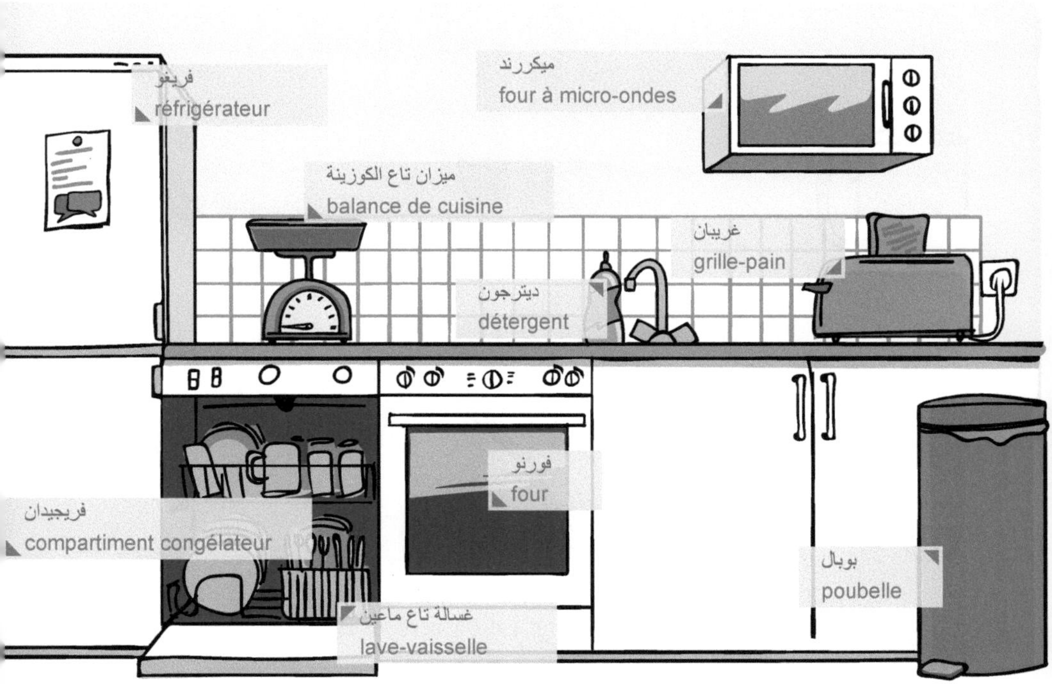

فريغو
réfrigérateur
ميكررند
four à micro-ondes
ميزان تاع الكوزينة
balance de cuisine
غريبان
grille-pain
ديترجون
détergent
فورنو
four
فريجيدان
compartiment congélateur
بوبال
poubelle
غسالة تاع ماعين
lave-vaisselle

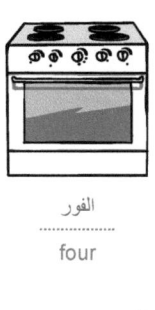

الفور

four

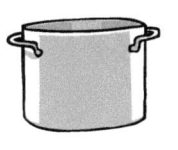

قدرة

casserole

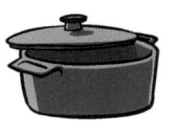

مرميطا

marmite

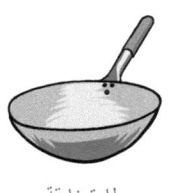

طاوة غامقة

wok / kadai

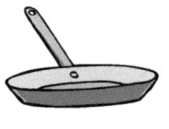

مقلة

poêle

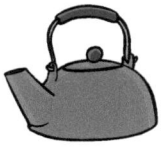

غلاية

bouilloire electrique

قدرة

cuiseur vapeur

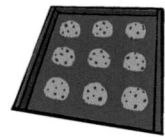

سني

plaque de cuisson

ماعين

vaisselle

قوبلي

gobelet

طبسي

coupe

مطارق تاع الماكلة

baguettes

لوشة

louche

سباتولة

spatule

الضرابة

fouet

كسكاس

passoire

صفاية

tamis

راب

râpe

مهراز

mortier

شواية

barbecue

موقد

cheminée

بلونشا

planche à découper

رولو

rouleau à pâtisserie

الحلال

tire-bouchon

قابسة

boîte

الحلال

ouvre-boîte

كتان

maniques

لافابو

lavabo

بروسة

brosse

بونجة

éponge

الخلاط

mixeur

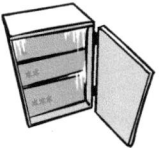

فريغو

congélateur

بيبيرونة

biberon

سبالة

robinet

الحمام

salle de bain

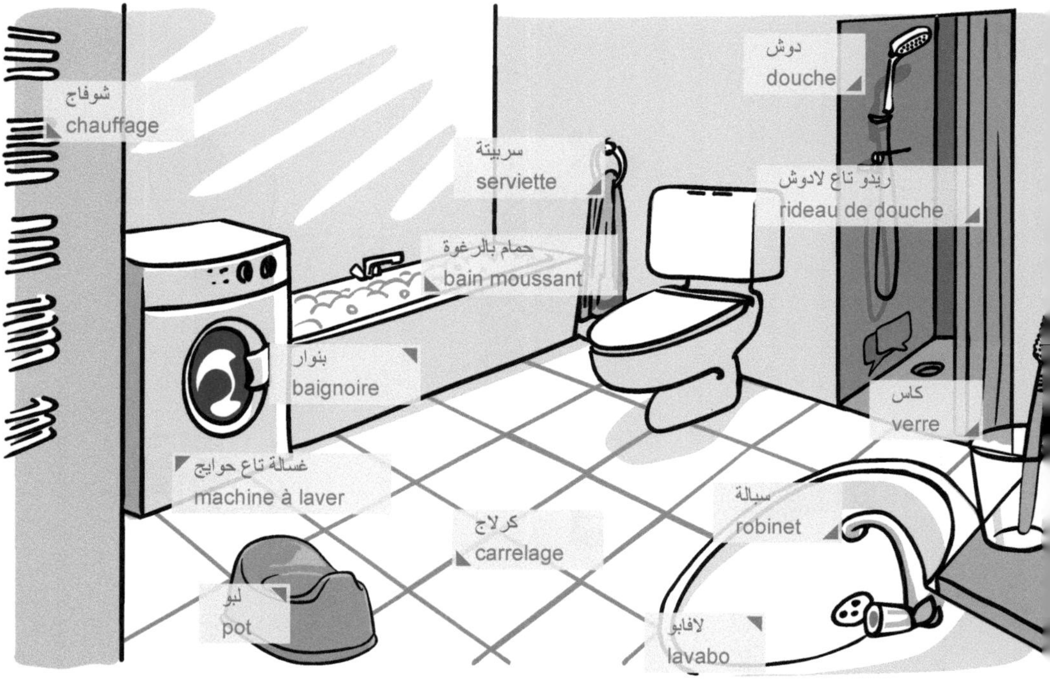

شوفاج
chauffage
دوش
douche
سربيتة
serviette
ريدو تاع لادوش
rideau de douche
حمام بالرغوة
bain moussant
بنوار
baignoire
كاس
verre
غسالة تاع حوايج
machine à laver
سبالة
robinet
كرلاج
carrelage
لبو
pot
لافابو
lavabo

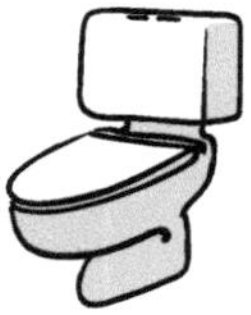

توالات
....
toilettes

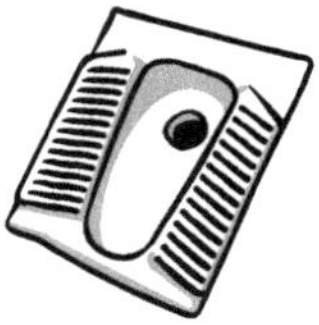

توالات تركي
....
toilette à la turque

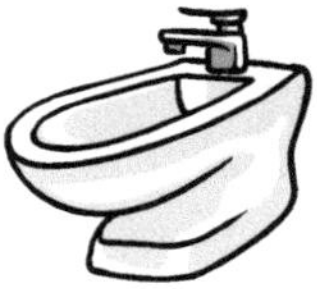

غسال الرجلين
....
bidet

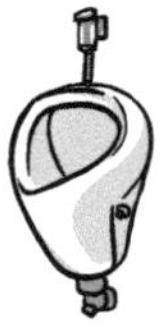

مبولة
....
urinoir

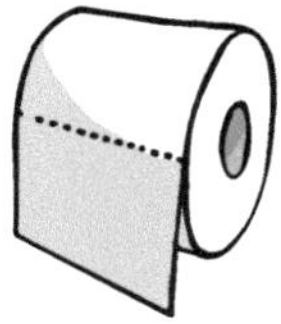

ورق تاع توالات
....
papier toilette

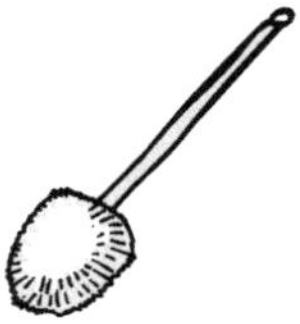

بروسة تاع توالات
....
brosse à toilette

بروسدون

brosse à dents

دونتفريس

dentifrice

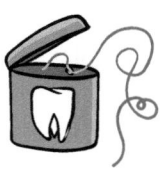

خيط السنان

fil dentaire

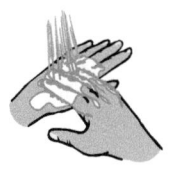

يغسل

laver

دوشات تاع دوش

douche manuelle

دوشات

douche intime

لافابو

vasque

بروسا تاع الظهر

brosse dorsale

صابون

savon

جال دوش

gel douche

شنبوان

shampooing

الحبل

gant de toilette

قادوس

écoulement

بومادة

crème

ديودورون

déodorant

مراية

miroir

مراة صغيرة

miroir cosmétique

رازوار

rasoir

لاموس

mousse à raser

كولون

après-rasage

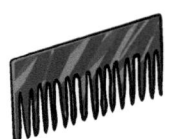

مشطة

peigne

بروسة

brosse

سشوار

sèche-cheveux

مثبت الشعر

laque pour cheveux

مكياج

fond de teint

روجالافر

rouge à lèvres

فرني

vernis à ongles

قطن

ouate

كوبنغل

coupe-ongles

ريحة

parfum

تروسة تاع حمام

trousse de toilette

طابوري

tabouret

ميزان

pèse-personne

بينوار

peignoir

ليغونات تاع النيتواياج

gants de nettoyage

تمبون

tampon

ليبوند

serviettes hygiéniques

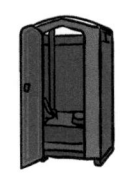

توالات

toilette chimique

شمبرا تاع ذراري

chambre d'enfant

ريفاي
réveil
نونورس
doudou
لوطو جوي
voiture jouet
الخشخاش
hochet
دار تاع بوبيات
maison de poupée
كادو
cadeau

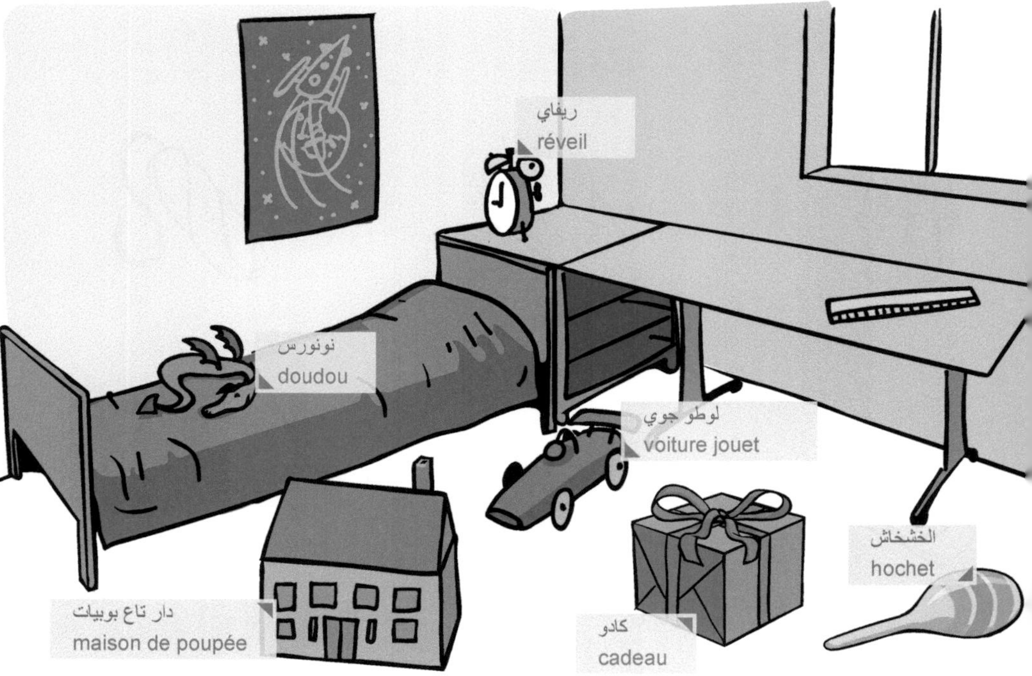

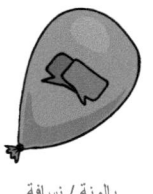

بالونة / نسافة

ballon

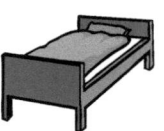

ناموسية

lit

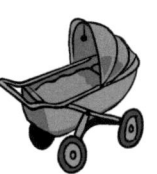

بوسات

poussette

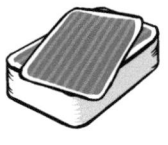

الكارطة

jeu de cartes

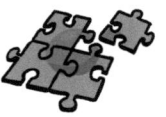

البوزيل

puzzle

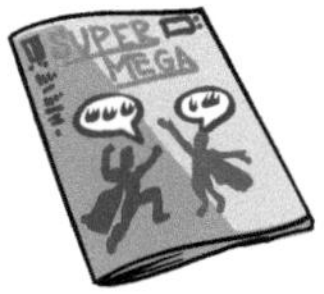

بوند ديسيني

bande dessinée

اللیغو

pièces lego

حجر بينوه

blocs de construction

بوبية

figurine

لبسة تاع البيبي

grenouillère

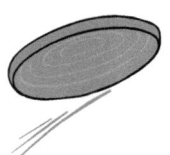

فريزي

frisbee

اللهاية

mobile

لعبة الطابلة

jeu de société

الدي

dé

التران

train miniature

سوسات

sucette

حفلة / الفيشطة

fête

كتاب بتصاوير

livre d'images

بالون

balle

بوبية

poupée

يلعب

jouer

بارك بالرملة

bac à sable

بنصوار

balançoire

جوي

jouets

منيطا

console de jeu

بيسكلات

tricycle

دبدوب

ours en peluche

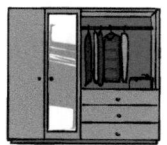

ماريو

armoire

حوايج
vêtements

تقاشر

chaussettes

ليبا

bas

كولو

collant

شال
écharpe

حزام
ceinture

بربلوي
parapluie

تريكو
t-shirt

تيئيسا / سبردينا
baskets

بوط
bottes

بنتوفلا
pantoufles

صندالة
....
sandales

صباط
....
chaussures

بوط بلاستيك
....
bottes de caoutchouc

كالسون
....
sous-vêtements

سوتيان
....
soutien-gorge

حويج تاع داخل
....
maillot de corps

لاسق على الجسم

body

سروال

pantalon

جين

jean

جيبا

jupe

طابلية

chemisier

قمجة

chemise

تريكو

pull

قارديقون

sweat à capuche

بلازار

veste

فيستا

veste

بالطو

manteau

بالطو

imperméable

كوستيم

costume

روبا

robe

روب بلونش

robe de mariée

كوستيم

costume

شوميز دونوي

chemise de nuit

بيجاما

pyjama

ساري

sari

حجاب

foulard

عمامة

turban

برقع

burqa

قفطان

caftan

عباية

abaya

مايو

maillot de bain

سروال تاع عوم

maillot de bain

شورت

short

لبسة تاع سبور

tenue d'entraînement

طابلية

tablier

ليقونات

gants

قفلة

bouton

نواظر

lunettes

براسلي

bracelet

سنسلة

collier

خاتم

bague

منقوش

boucle d'oreille

بوني

bonnet

سانتر

cintre

شابو

chapeau

قرافاطة

cravate

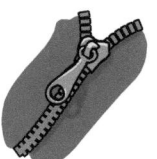

غيمة

fermeture éclair

كاسك

casque

بروتال

bretelles

اللبة تاع ليكول

uniforme scolaire

لينيفورم

uniforme

رياقة
....
bavoir

سوسات
....
sucette

ليكوش
....
lange

بيرو

bureau

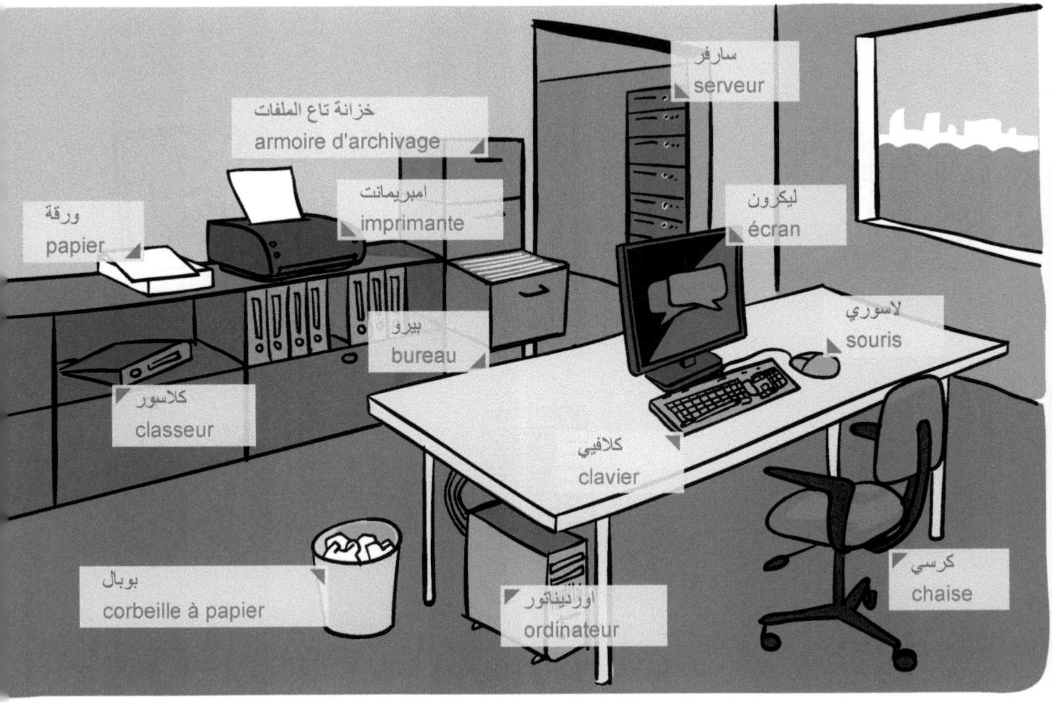

سارفر
serveur

خزانة تاع الملفات
armoire d'archivage

امبريمانت
imprimante

ليكرون
écran

ورقة
papier

بيرو
bureau

لاسوري
souris

كلاسور
classeur

كلافيي
clavier

بوبال
corbeille à papier

كرسي
chaise

اورديناتور
ordinateur

كاس قهوة
....
tasse de café

كاكولاتريس
....
calculatrice

لانترنت
....
internet

اورديناتور

ordinateur portable

برية

lettre

ميساج

message

بورطابل

portable

ريزو

réseau

فوطوكوبي

photocopieuse

لوجسيال

logiciel

تيلفون

téléphone

بريزة

prise

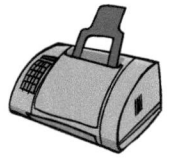

فاكس

fax

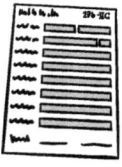

استمارة

formulaire

وثيقة

document

يشري

acheter

يخلص

payer

يتاجر

faire du commerce

دراهم

monnaie

دولار

dollar

اورو

euro

ين

yen

روبل

rouble

فرنك سويسري

franc suisse

يوان

renminbi yuan

روبية

roupie

ديستربيبتور

distributeur automatique

بيرة تاع الصرف
....
bureau de change

ذهب
....
or

فضة
....
argent

نفط
....
pétrole

طاقة
....
énergie

السومة
....
prix

عقد
....
contrat

طاكس
....
taxe

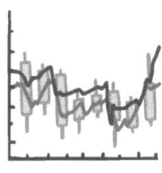

سهم
....
action

يخدم
....
travailler

خدام
....
employé

مول الشي
....
employeur

وزين
....
usine

حانوت
....
magasin

الخدمة

professions

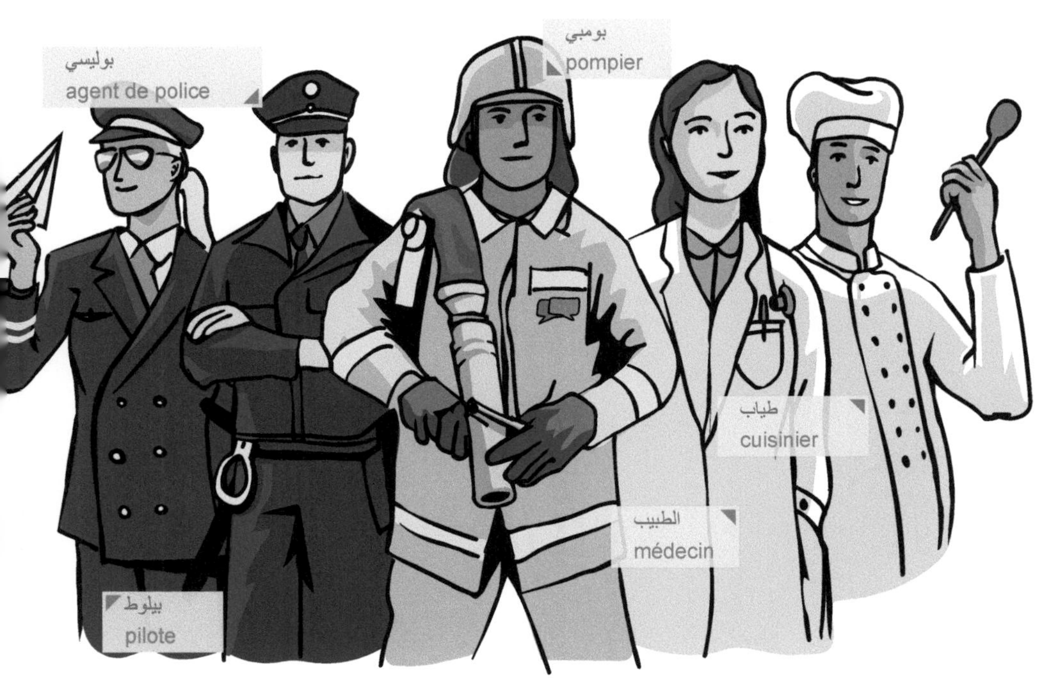

بوليسي
agent de police
بومبي
pompier
طياب
cuisinier
الطبيب
médecin
بيلوط
pilote

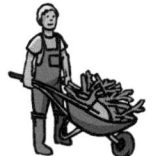

جرديني

jardinier

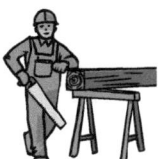

نجار

menuisier

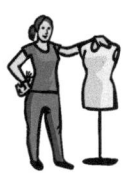

خياط

couturière

قاضي

juge

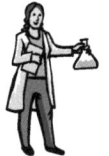

شيميك

chimiste

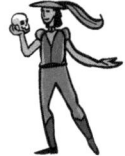

ممثل

acteur

شوفير

conducteur de bus

طاكسيور

chauffeur de taxi

صياد

pêcheur

خدامة

femme de ménage

ماصو تاع السقف

couvreur

سارفور

serveur

صياد

chasseur

بنتار

peintre

خباز

boulanger

الكتريسيان

électricien

ماصون

ouvrier

مهندس

ingénieur

بوشي

boucher

بلومبي

plombier

فاكتور

facteur

جندي

soldat

ارشيتكت

architecte

كاسسي

caissier

بياع اورد

fleuriste

كوافير

coiffeur

الكنترول

contrôleur

ميكانيسيان

mécanicien

كابيتان

capitaine

طبيب سنان

dentiste

عالم

scientifique

حاخام

rabbin

امام

imam

موان

moine

موان

prêtre

ليزوتي
outils

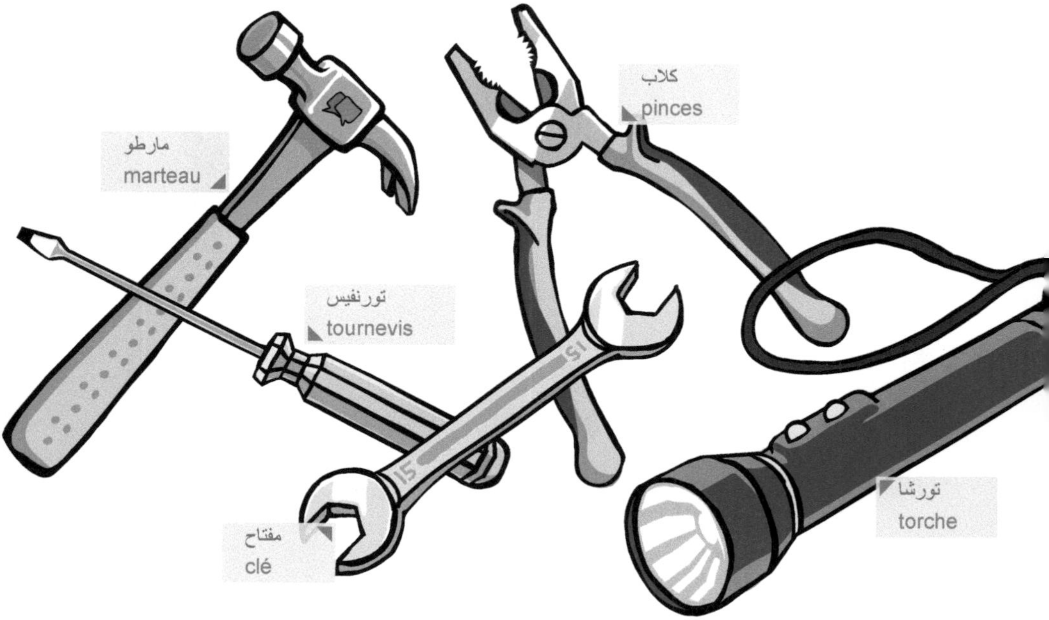

مارطو
marteau
تورنفيس
tournevis
كلاب
pinces
مفتاح
clé
تورشا
torche

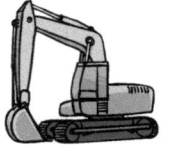

جرافة

pelleteuse

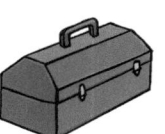

قايصة نتاع ليزوتي

boîte à outils

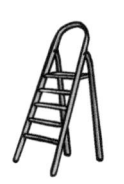

سلوم

échelle

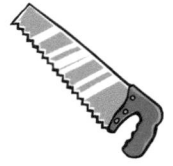

منشار

scie

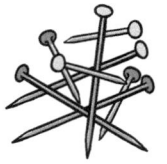

مسامير

clous

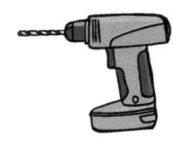

برسوز

perceuse

يصنع

....

réparer

البالة

....

pelle

ياويلي

....

Mince !

بالا

....

pelle

بو تاع بنتورة

....

pot de peinture

ليفيس

....

vis

آلات موسيقية

instruments de musique

آلات الإيقاع
batterie

مكبر الصوت
haut-parleurs

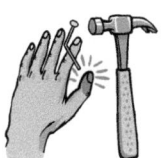

غيتارة
guitare

كمان أجهر
contrebasse

بوق
trompette

بيانو

piano

كمنجة

violon

جهير

basse

طبل كبير

timbales

طبل

tambour

بيانو كهربائي

piano électrique

ساكسوفون

saxophone

ناي

flûte

ميكروفون

microphone

حديقة حيوانات

ZOO

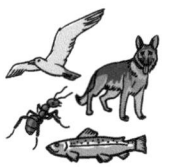

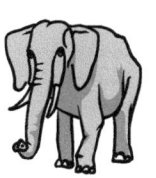

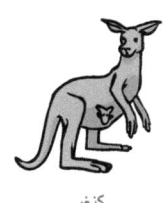

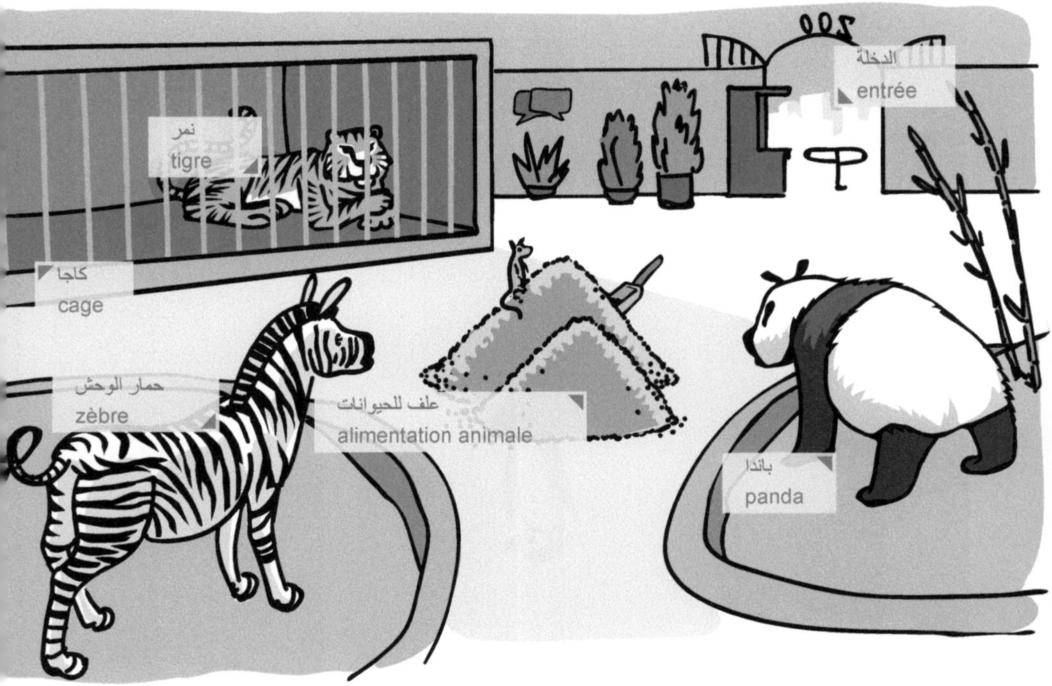

zoo
الدخلة
entrée
نمر
tigre
كاجا
cage
حمار الوحش
zèbre
علف للحيوانات
alimentation animale
باندا
panda

حيوانات

animaux

فيل

éléphant

كنغر

kangourou

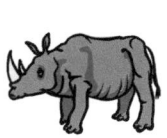

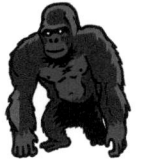

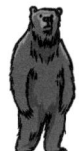

وحيد القرن

rhinocéros

غوريلا

gorille

دب

ours

جمل

chameau

نعامة

autruche

سبع

lion

تشيطا

singe

فلامونغوز

flamand rose

بيروكي

perroquet

دب قطبي

ours polaire

بطريق

pingouin

سمك القرش

requin

طاووس

paon

لفعة

serpent

تمساح

crocodile

عساس في حديقة الحيوان

gardien de zoo

عجل البحر

phoque

نمر أمريكي مرقط

jaguar

فرس قزم
....
poney

نمر
....
léopard

فرس النهر
....
hippopotame

زرافة
....
girafe

نسر
....
aigle

حلوف
....
sanglier

حوت
....
poisson

فكرون
....
tortue

حيوان فظ البحري
....
morse

ثعلب
....
renard

غزال
....
gazelle

بالون اميريكا
american Football

الركبة تاع البيسكلت
cyclisme

تينيس
tennis

باسكات
basket-ball

العوم
natation

بوكس
boxe

هوكي
hockey sur glace

بالون
football

الريشة الطائرة
badminton

اتلاتيزم
athlétisme

الهوند
handball

سكي
ski

بولو
polo

activités

يضحك
rire
ينقز
sauter
يعنق
embrasser
يمشّي
marcher
يغني
chanter
ينوم
rêver
يصلي
prier
يبوس
faire la bise

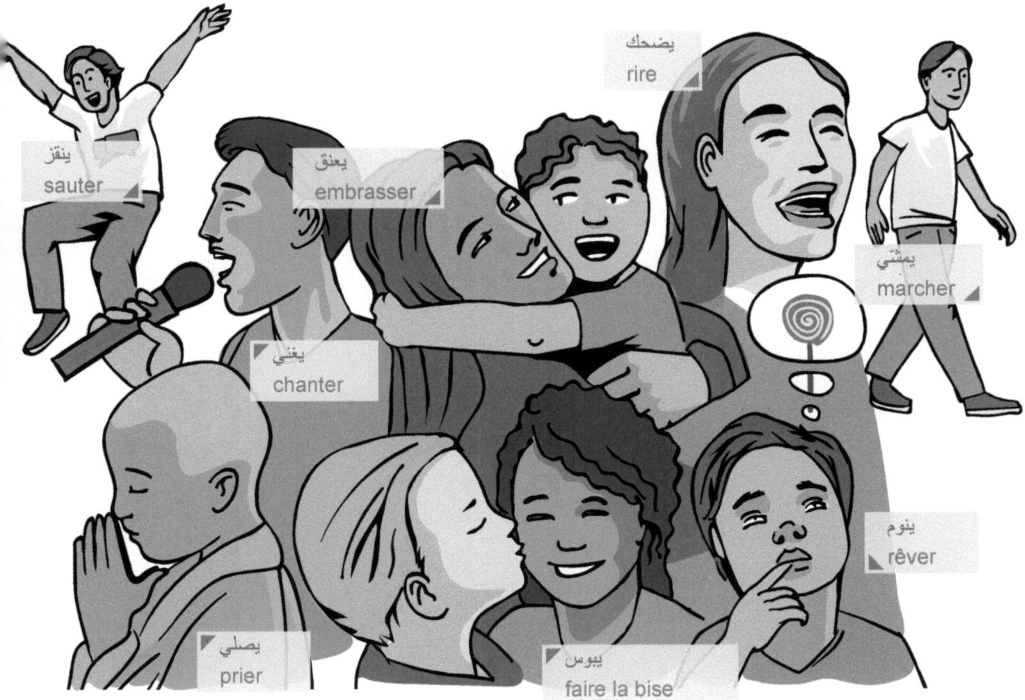

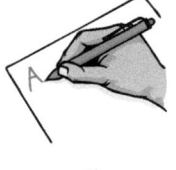

يكتب
écrire

يرسم
dessiner

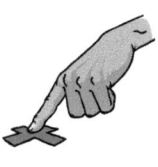

يوري
montrer

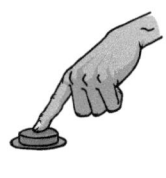

يدمر
pousser

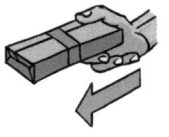

يعطي
donner

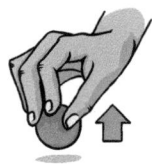

يدي
prendre

يملك
....
avoir

يخدم
....
faire

كاين
....
être

يوقف
....
être debout

يجري
....
courir

يجبد
....
trier

يقيّس / يرمي
....
jeter

يطيح
....
tomber

يتكسل
....
être couché

يشوف
....
attendre

يرفد
....
porter

يقعد
....
être assis

يلبس
....
s'habiller

يرقد
....
dormir

ينوظ
....
se réveiller

يشوف في

regarder

يبكي

pleurer

يحك

caresser

يمشّط

peigner

يهدر

parler

يفهم

comprendre

يسقسي

demander

يسمع

écouter

يشرب

boire

ياكل

manger

يخمل

ranger

يبغي

aimer

يطيب

cuire

يصوق

conduire

يطير

voler

يبحر بالفلوكة

faire de la voile

يحسب

calculer

يقرا

lire

يتعلم

apprendre

يخدم

travailler

يتزوج

se marier

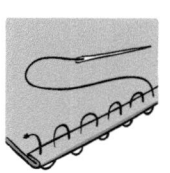

يخيط

coudre

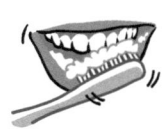

يغسل سنانو

brosser les dents

يكتل

tuer

يكمي

fumer

يرسل

envoyer

لعايلة

famille

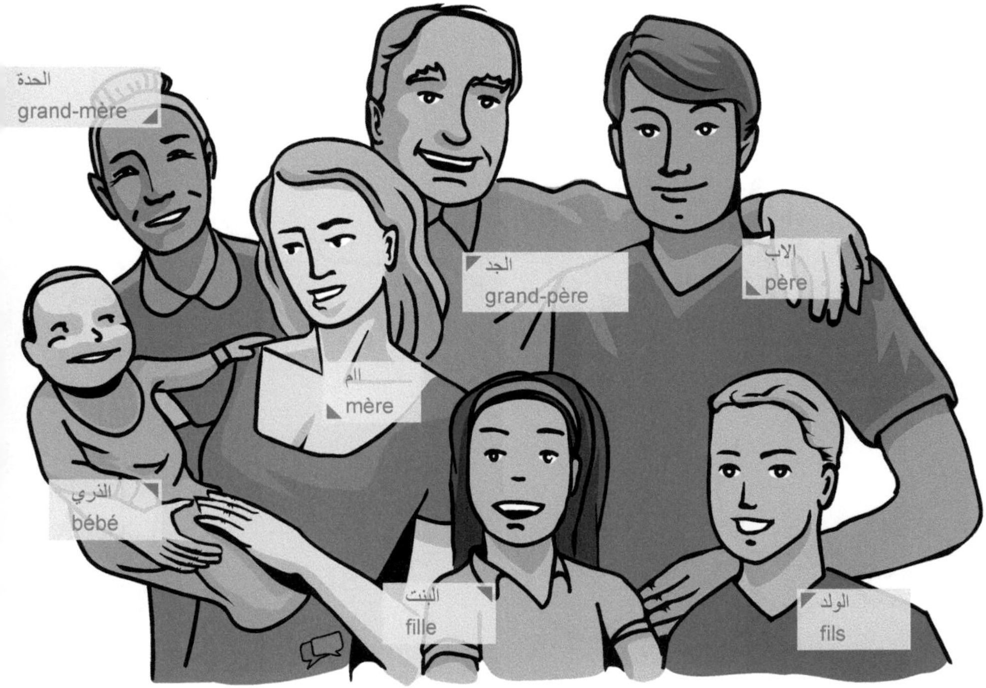

الجدة
grand-mère
الجد
grand-père
الاب
père
ام
mère
الذري
bébé
البنت
fille
الولد
fils

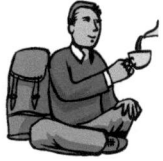

ضيف

hôte

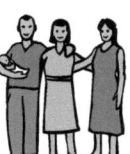

العمة / الخالة

tante

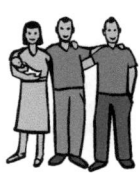

العم / الخال

oncle

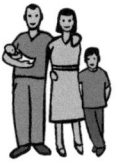

الخو

frère

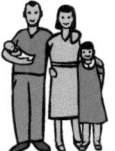

الخت

sœur

الجسم

corps

الجبهة
front
العين
œil
الوجه
visage
اللحية
menton
صبع
doigt
اليد
main
الكتف
épaule
الساق
jambe
الصدر
poitrine
الذراع
bras

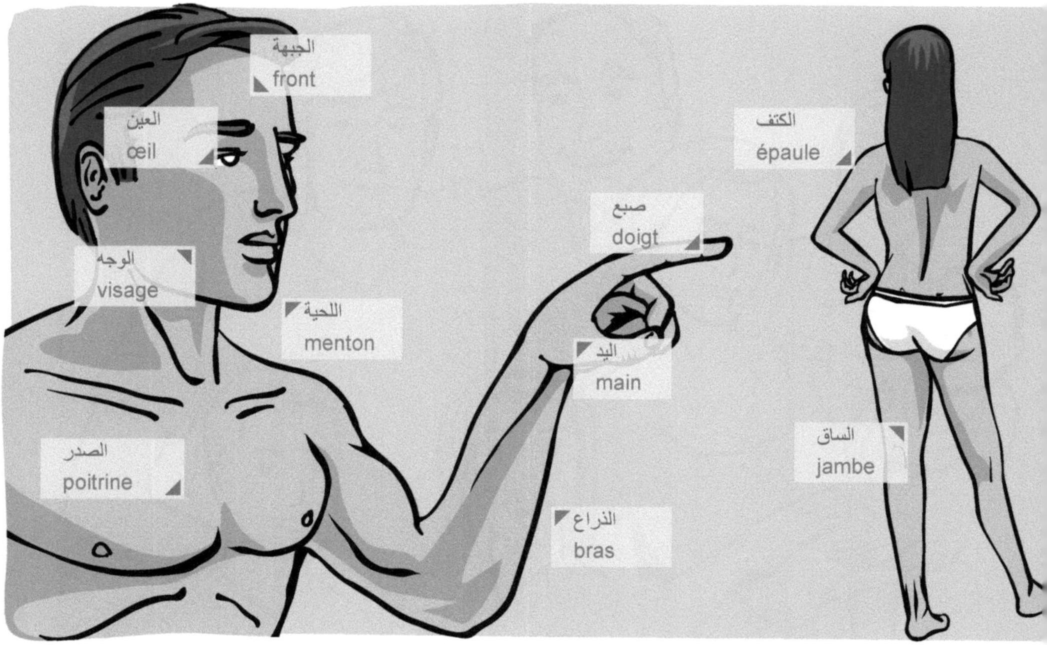

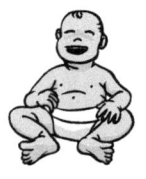

الذري
bébé

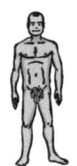

الراجل
homme

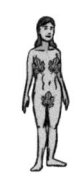

المرا
femme

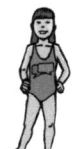

الشيرة، الطفلة
fille

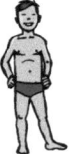

الشير
garçon

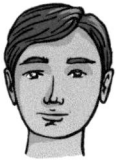

الراس
tête

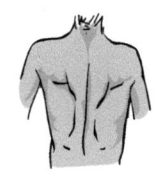

ظهر

dos

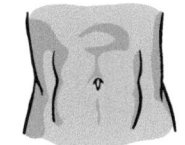

الكرش

ventre

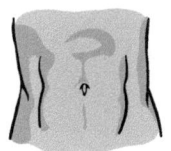

السرة

nombril

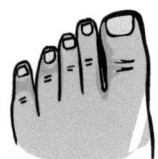

صبع

orteil

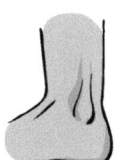

طالون

talon

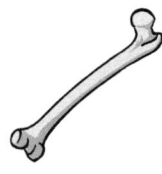

العظم

os

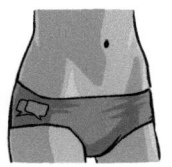

المرادف

hanche

الركبة

genou

لمرفغ

coude

نيف

nez

مصاصيط

fesses

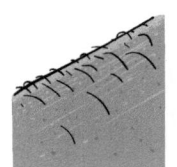

البشرة

peau

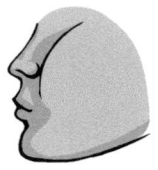

الحنوك

joue

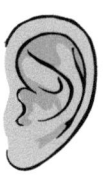

لوذن

oreille

ثورب

lèvre

الفم
....
bouche

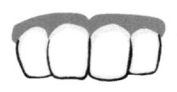

السنة
....
dent

السان
....
langue

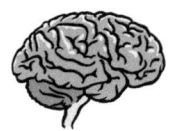

الدماغ
....
cerveau

القلب
....
cœur

العضلة
....
muscle

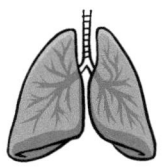

الرية
....
poumons

الكبدة
....
foie

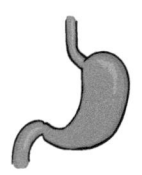

لسطوما ما
....
estomac

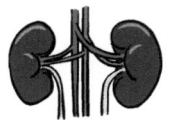

كلوى
....
reins

رابور
....
rapport sexuel

بريزارفتيف
....
préservatif

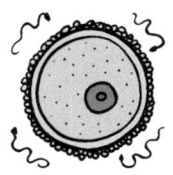

البويضة
....
ovule

سيرم
....
sperme

بلكرش
....
grossesse

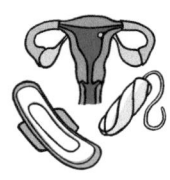

ليراغل

menstruation

المهبل

vagin

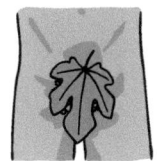

المذاكر

pénis

الحاجب

sourcil

الشعر

cheveux

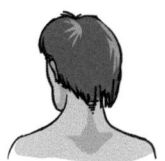

رقبة

cou

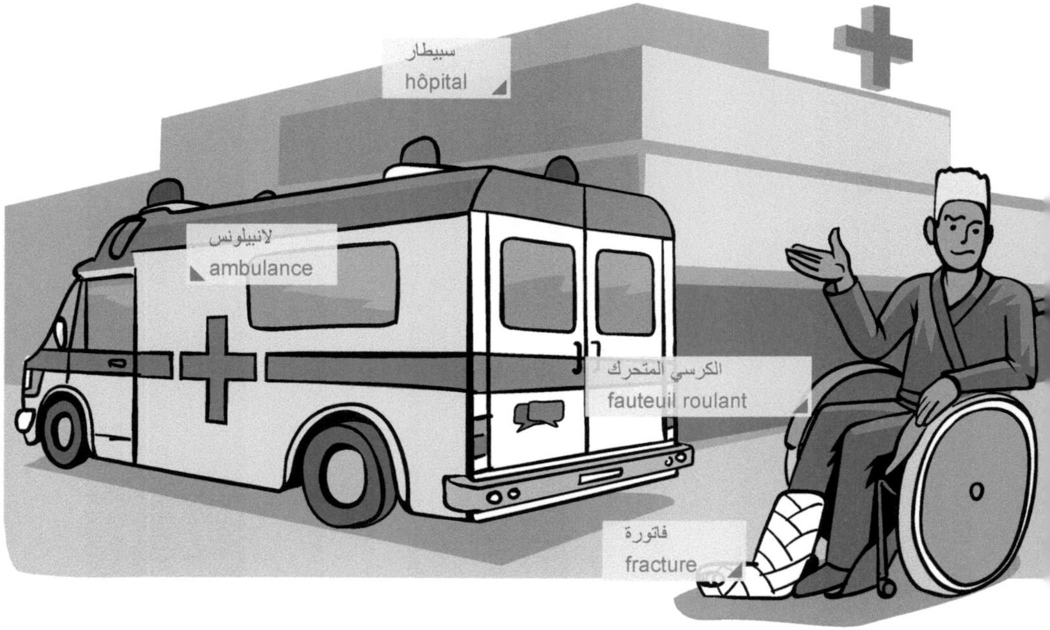

سبيطار
hôpital

لانبيلونس
ambulance

الكرسي المتحرك
fauteuil roulant

فاتورة
fracture

الطبيب
médecin

ليزيرجونس
service des urgences

الممرضة
infirmière

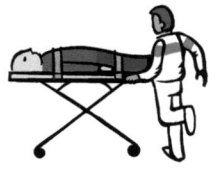

ليرجونس
urgence

تغاشى
inconscient

الوجع
douleur

الجرح

blessure

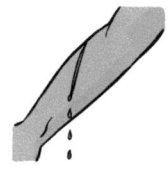

يسل الدم

hémorragie

القلب

crise cardiaque

لافيسي

attaque cérébrale

لالرجي

allergie

الكحة

toux

الحمة

fièvre

لاقريب

grippe

الاسهال

diarrhée

ميغران

mal de tête

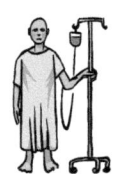

السرطان

cancer

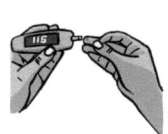

السكر

diabète

الجراح

chirurgien

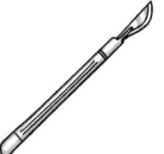

مبضع

scalpel

عملية تاع القلب

opération

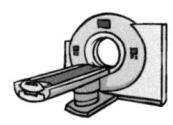

لاسيتي
CT

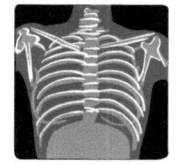

الراديو
radiographie

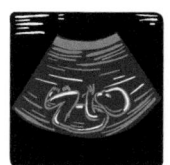

لولتخازون
échographie

لماسك
masque

المرض
maladie

وين يقارعو
salle d'attente

العكاز
béquille

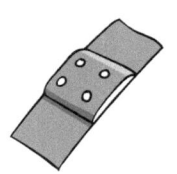

سكوتش
pansement

لبانسما
pansement

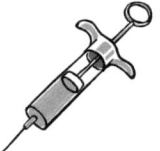

لبرة
injection

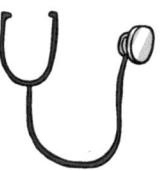

السماعة تاع الطبيب
stéthoscope

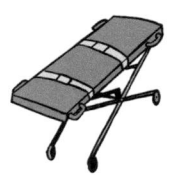

نقالة
brancard

لوزنو بيه الحمة
thermomètre

زيادة
accouchement

السمونية
surcharge pondérale

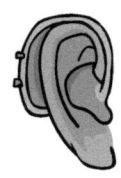

جهاز السمع

appareil auditif

المعقّم

désinfectant

لنفكسون

infection

الفيروس

virus

السيدا

VIH / sida

الدوا

médicament

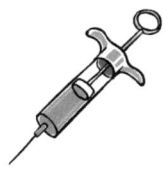

الفاكسان

vaccination

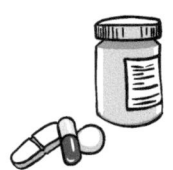

الدوا حب

comprimés

بيلولة

pilule

يعيط للنجدة

appel d'urgence

الجهاز ليقيسو بيه الدم

tensiomètre

مريض / صحيح

malade / sain

لالارم

alarme

يتعدا

assaut

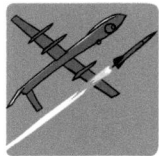

سلكوني

Au secours !

يهجم

attaque

دونجي

danger

مخرج الطوارئ

sortie de secours

لكستانتور

extincteur

اكسيدون

accident

النار شاعلة

Au feu!

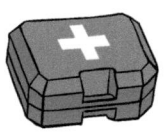

فيزة تاع الاسعاف الاولي

trousse de premier secours

SOS

سلكونا

SOS

لابوليس

police

أوروبا

Europe

أمريكا الشمالية

Amérique du Nord

أمريكا الجنوبية

Amérique du Sud

أفريقيا

Afrique

آسيا

Asie

أستراليا

Australie

المحيط الأطلسي

Océan atlantique

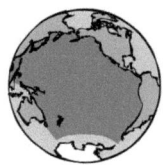

المحيط الهادي

Océan pacifique

المحيط الهندي

Océan indien

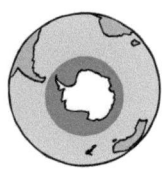

المحيط المتجمد الجنوبي

Océan antarctique

المحيط المتجمد الشمالي

Océan arctique

القطب الشمالي

pôle nord

القطب الجنوبي

pôle sud

منطقة القطب الجنوبي

Antarctique

أرض

terre

بلاد

pays

بحر

mer

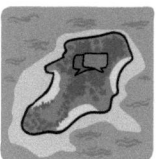

جزيرة

île

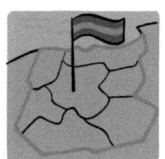

امة

nation

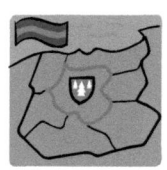

دولة

état

ميناء الساعة

cadran

عقرب الساعات

aiguille des heures

عقرب الدقائق

aiguille des minutes

عقرب الثواني

aiguille des secondes

شعال راها الساعة؟

Quelle heure est-il ?

يوم

jour

زمن

temps

دروك

maintenant

ساعة رقمية

montre digitale

دقيقة

minute

ساعة

heure

سيمانة
semaine

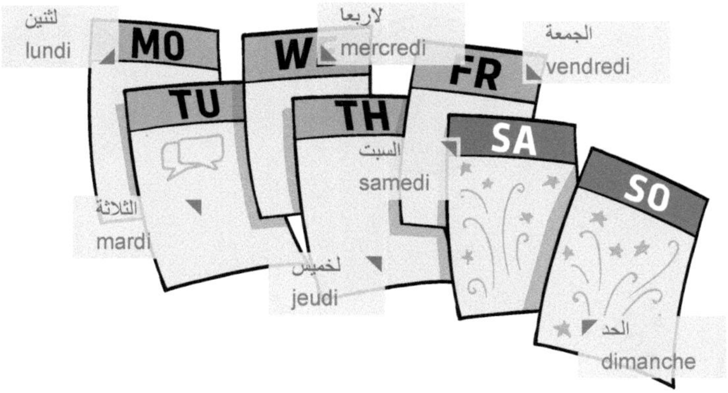

MO
TU
W
TH
FR
SA
SO
لثنين
lundi
الثلاثة
mardi
لاربعا
mercredi
لخميس
jeudi
الجمعة
vendredi
السبت
samedi
الحد
dimanche

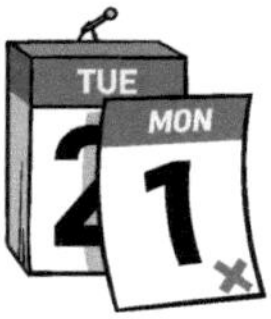

TUE
MON
21

لبارح
hier

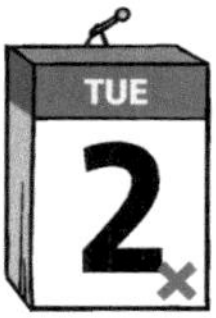

TUE
2

اليوم
aujourd'hui

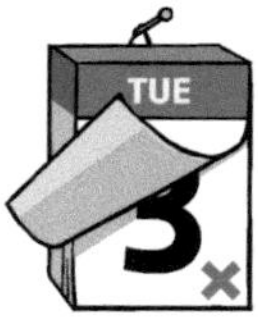

TUE
3

غدوا
demain

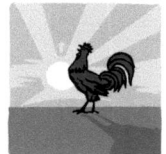

صباح
matin

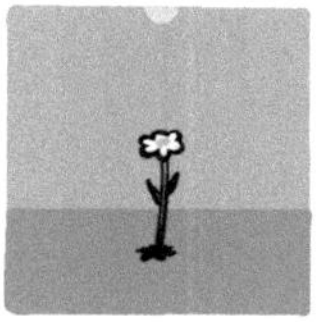

القايلة
midi

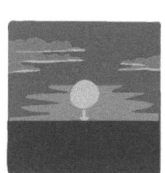

العشية
soir

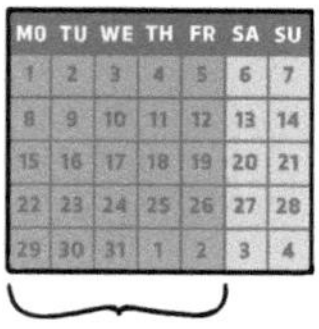

MO TU WE TH FR SA SU

يامات الخدمة
jours ouvrables

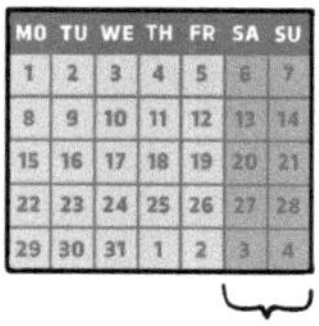

MO TU WE TH FR SA SU

ويكاند
week-end

العام

année

قوس قزح
arc-en-ciel
النو
pluie
ثلج
neige
الريح
vent
الربيع
printemps
الخريف
automne
الصيف
été
الشتا
hiver

4.APRIL 11°
5.APRIL 4°
6.APRIL 13°
7.APRIL 8°
8.APRIL 10°

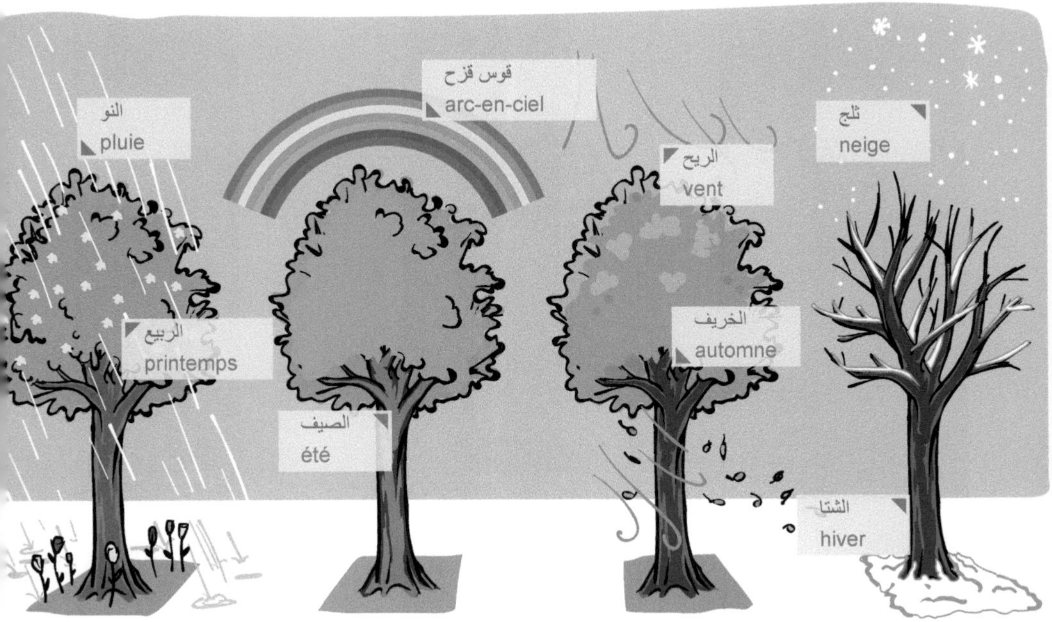

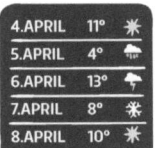

يتنبأ بالحال

météo

F C
120 40
90 30
60 20
30 10
0 0
-30 -10
-20

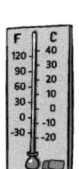

مقياس حرارة

thermomètre

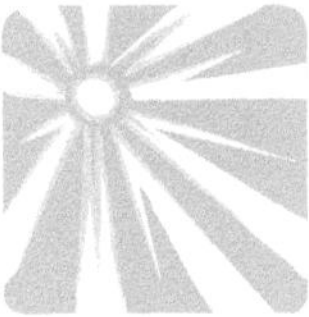

ضوء الشمس

lumière du soleil

سحابة

nuage

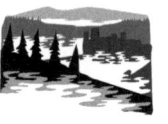

ضباب

brouillard

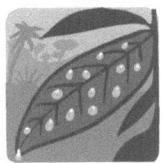

ميديتي

humidité

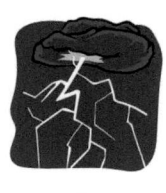

برق

foudre

رعد

tonnerre

عاصفة

tempête

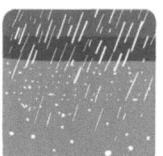

بَرَد

grêle

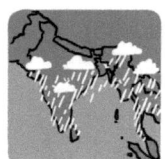

ريح

mousson

طوفان

inondation

جليد

glace

جانفي

janvier

فيفري

février

مارس

mars

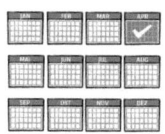

افريل

avril

ماي

mai

جوان

juin

جويلية

juillet

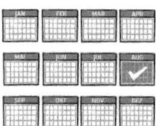

اوت

août

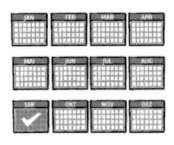

سبتمبر

septembre

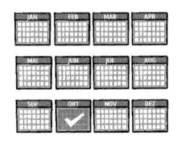

اكتوبر

octobre

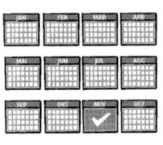

نوفمبر

novembre

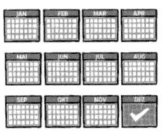

ديسمبر

décembre

دويرة

cercle

مربع

carré

مستطيل

rectangle

مثلث

triangle

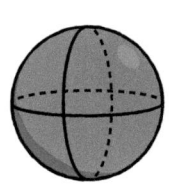

كويرة

sphère

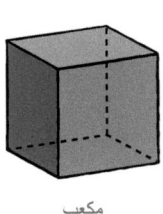

مكعب

cube

بيض

blanc

صفر

jaune

تشيني

orange

روز

rose

حمر

rouge

حلحالي

violet

زرق

bleu

خظر

vert

قهوي

marron

قري

gris

كحل

noir

بزاف / شوية

beaucoup / peu

زعفان / مكالمي

fâché / calme

شباب / مشي شباب

joli / laid

البدية / التالي

début / fin

كبير / صغير

grand / petit

فاتح / فونسي

clair / obscure

خو / خت

frère / soeur

نقي / موسخ

propre / sale

كامل / ناقص

complet / incomplet

نهار / اليل

jour / nuit

ميت / حي

mort / vivant

عريض / ضيق

large / étroit

يقدو ياكلوه / ميقدروش ياكلوه

comestible / incomestible

شرير / ناس ملاح

méchant / gentil

يثير / يمل

excité / ennuyé

سمين / رقيق

gros / mince

اللولا / التالية

premier / dernier

الصاحب / لعدو

ami / ennemi

معمر / فارغ

plein / vide

قاصح / سوبل

dur / souple

ثقيل / خفيف

lourd / léger

جوع / عطش

faim / soif

مريض / صحيح

malade / sain

غير شرعي / شرعي

illégal / légal

ذكي / مبوقل

intelligent / stupide

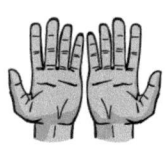

يسار / يمين

gauche / droite

قريب / بعيد

proche / loin

جديد / مستعمل

nouveau / usé

مكانش / شوية

rien / quelque chose

شيباني / شاب

vieux / jeune

يشعل / يطفئ

marche / arrêt

محلول / مبلع

ouvert / fermé

بشوية / بلفور

faible / fort

مرفح / زوالي

riche / pauvre

نيشان / خاطيء

correct / incorrect

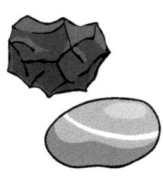

حرش / رطب

rugueux / lisse

زعفان / فرحان

triste / heureux

قصير / طويل

court / long

بشوية / بلخف

lent / rapide

مشمخ / ناشف

mouillé / sec

حامي / بارد

chaud / froid

القيرة / لامان

guerre / paix

0	**1**	**2**
صفر	واجد	زوج
zéro	un / une	deux
3	**4**	**5**
تلاثة	ربعة	خمسة
trois	quatre	cinq
6	**7**	**8**
ستة	سبعة	ثمانية
six	sept	huit
9	**10**	**11**
تسعة	عشرة	حداعش
neuf	dix	onze

12
شناعث
douze

13
شطلاعت
treize

14
شطاباعر
quatorze

15
شطامسخ
quinze

16
شطاعس
seize

17
شعطتبعس
dix-sept

18
شطانمث
dix-huit

19
شطاعاست
dix-neuf

20
عشرون
vingt

100
مية
cent

1.000
ألف
mille

1.000.000
مليون
million

langues

انقلي
anglais

انغلي تاع مريكان
anglais américain

لغة الشنوية
chinois mandarin

الهندية
hindi

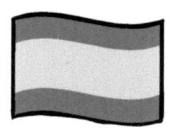

سبنيولية
espagnol

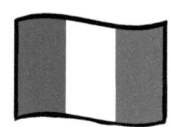

الفرونسي
français

العربية
arabe

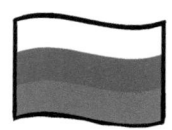

الروسية
russe

البوتغالية
portugais

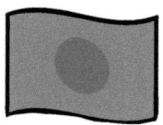

البنغالية
bengali

لالمنية
allemand

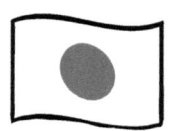

الجابونية
japonais

انا

je

نتا

tu

هو

il / elle / ce, c', cela

حنايا

nous

نتّوما

vous

هوما

ils / elles

شكون

Qui ?

واش

Quoi ?

كيفاش

Comment ?

وين

Où ?

وقتاش

Quand ?

الاسم

nom

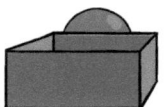

مرول

derrière

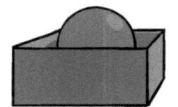

في

dans

قدام

devant

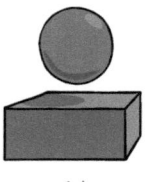

فوق

au-dessus

على

sur

تحت

en-dessous

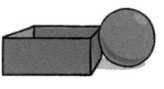

حدا

à côté de

بين

entre

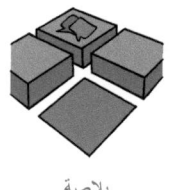

بلاصة

lieu